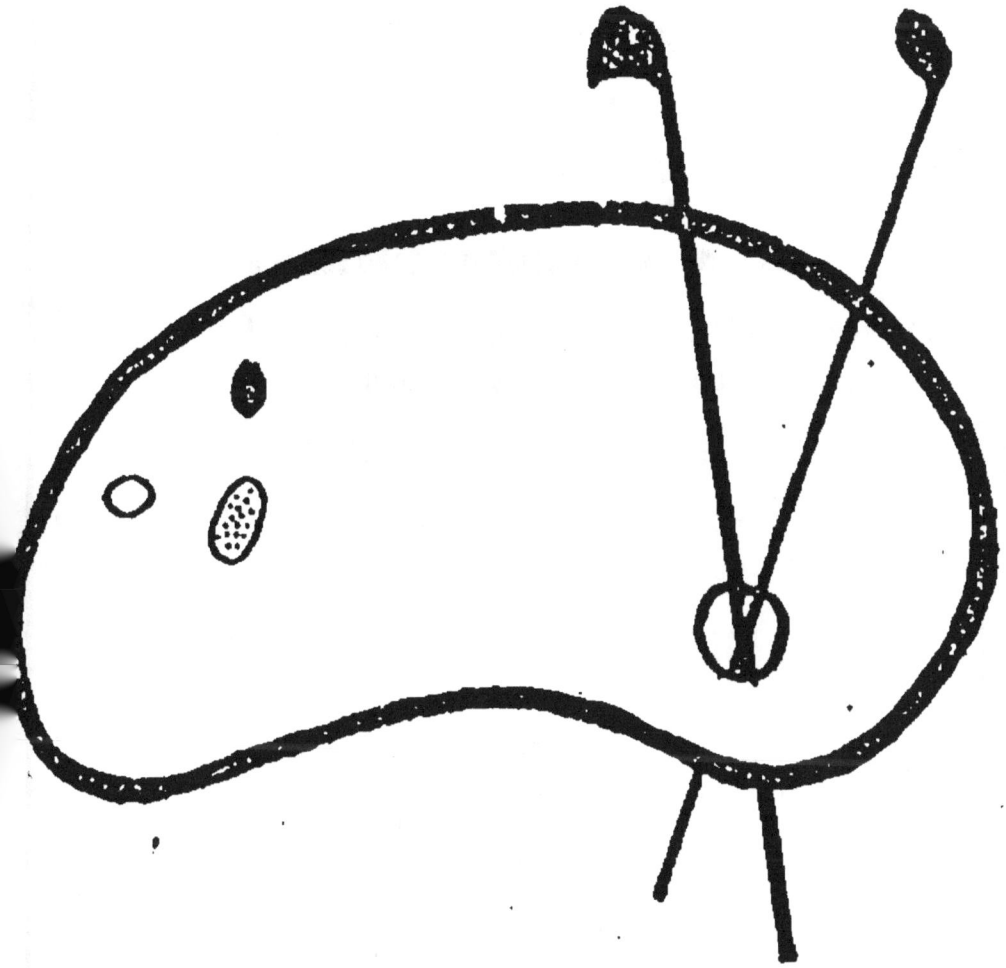

DEBUT D'UNE SERIE DE DOCUMENTS
EN COULEUR

# ALLOUAGNE

## ET SON PÈLERINAGE

EN L'HONNEUR

# D'UNE SAINTE LARME

## DE N.-S. JÉSUS-CHRIST

Envoyée d'Orient, l'an 1100, par GODEFROY DE BOUILLON,
fils des comtes de Boulogne, roi de Jérusalem,

### ET CONSERVÉE DEPUIS LORS

## DANS L'ÉGLISE DU VILLAGE D'ALLOUAGNE

Appelé

## LE VILLAGE DE LA SAINTE LARME

PAR

## M. L'ABBÉ PLIQUE

Prêtre

## BÉTHUNE

# LIBRAIRIE DE H. GALAND

### 15, rue des Treilles, 15

Arras. — Typ. Rousseau-Leroy.

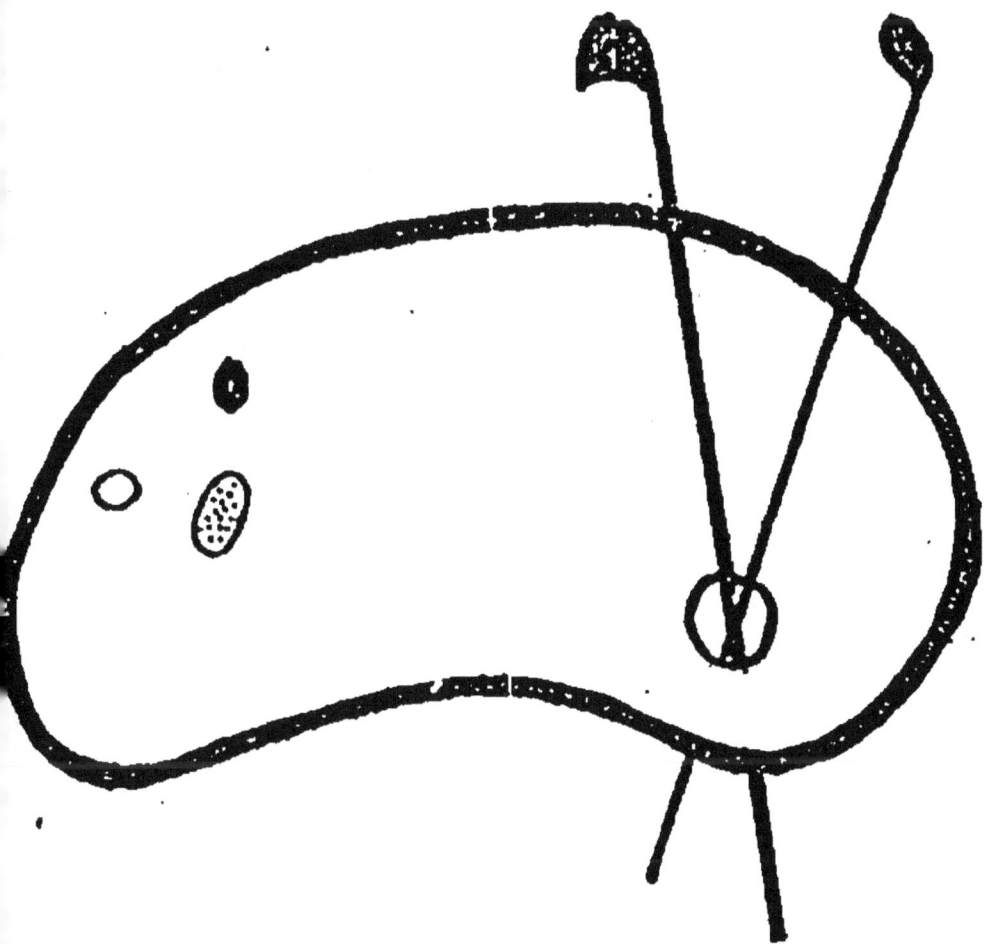

FIN D'UNE SERIE DE DOCUMENTS
EN COULEUR

# ALLOUAGNE

## ET SON PÈLERINAGE

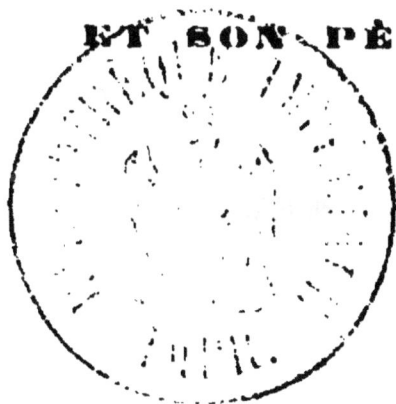

INPRIMATUR :

23 *Juin* 1868.

**PORTENART,** Vic. gén.

# ALLOUAGNE

## ET SON PÈLERINAGE

### EN L'HONNEUR

# D'UNE SAINTE LARME

## DE N. S. JÉSUS-CHRIST

Envoyée d'Orient, l'an 1100, par GODEFROY DE BOUILLON,
fils des comtes de Boulogne, roi de Jérusalem,

### ET CONSERVÉE DEPUIS LORS

### DANS L'ÉGLISE DU VILLAGE D'ALLOUAGNE

Appelé

## LE VILLAGE DE LA SAINTE LARME

PAR

## M. L'ABBÉ PLIQUE

Prêtre

BÉTHUNE

LIBRAIRIE DE H. GALAND

15, rue des Treilles, 15

# ALLOUAGNE

## ET SON PÈLERINAGE

### en l'honneur

## D'UNE SAINTE LARME DE N.-S. JÉSUS-CHRIST

—·—◦{◦⊂◦}◦—·—·

I

## Topographie d'Allouagne

Allouagne est une commune importante du canton de Béthune, dans le département du Pas-de-Calais. Le dernier recensement porte sa population à 1333 habitants, et ce chiffre s'élève chaque année avec le développement de l'aisance que lui procurent un territoire étendu, fertile, et de mieux en mieux cultivé, la préparation du lin et la proximité des houillères.

1

Ce village, situé dans un pli du sol, est abondant en eaux limpides, qui jaillissent de toutes parts à fleur de terre. Il est traversé dans sa longueur par un des affluents de la Nave : le Grand-Nocq, dont la source se trouve à quelques pas de l'église qu'il contourne.

Cette rivière acquiert promptement assez de force pour faire marcher, sur le territoire même de la commune, les tournants de deux moulins, celui du Marais et celui du Réveillon. Mais, après avoir parcouru quelques kilomètres, et s'être réunie à la Nave sur le terrain de la commune de Mont-Bernanchon, elle va bientôt, avec cette dernière, mêler ses eaux à celle de la Clarence, qui se joint elle-même, non loin de Calonne, à une autre rivière, la Lys. Et la Lys à son tour, confondant ses flots à Gand avec les ondes abondantes de l'Escaut, traversera, sous ce nom nouveau, Anvers et le fort Lillo en Belgique, pour se rendre d'un côté par Flessingue, et de l'autre par Berg-op-Zoom en Hollande, à la grande mer du Nord, dans l'Océan, où ruisseaux, rivières et fleuves, demeurent également sans désignation particulière.

Allouagne, que la ligne du chemin de fer des houillères d'Arras à Hazebrouck coupe à l'une de ses extrémités, est placé à dix kilomètres de distance de Béthune, et à cinq de Lillers. Son terroir touche à ceux de Chocques, Gonnehem, Lillers, Burbure, Lozinghem et Lapugnoy, et les communications avec ces communes sont des plus faciles, parce que les routes qui conduisent d'Allouagne en ces différents lieux sont carrossables et parfaitement entretenues, grâce à l'intelligente activité de l'administration locale.

# II

## Allouagne, commune et paroisse de la Morinie, en suit les vicissitudes civiles et religieuses.

La commune d'Allouagne faisait autrefois partie du pays des Morins, anciens peuples de la Gaule-Belgique, qui semblent tirer leur nom de leur voisinage de la mer (*Marini, Morini*), sur le rivage de laquelle ils avaient établi des ports, par le moyen desquels ils entrèrent en relations avec les peuples de la Grande-Bretagne.

Le territoire de la Morinie, dont on ne connaît pas bien exactement les antiques limites, paraît avoir été borné à l'occident par la rivière de la Canche, au midi par la Clarence, qui le séparait des pays des Atrébates. De là, il s'étendait vers le Mont-

Cassel, où commençait le canton habité par les Ménapiens, et comprenait tout le littoral depuis Dunkerque jusqu'à la baie d'Étaples [1].

Allouagne dut nécessairement suivre plus ou moins toutes les vicissitudes de la contrée dans laquelle il se trouvait. En conséquence, quand Thérouanne, la ville principale de la Morinie, fut pillée et détruite l'an 55 avant Jésus-Christ par Jules César; quand, rebâtie l'an 29 avant l'ère chrétienne, elle fut de nouveau dévastée en 63; quand elle fut ravagée en 407 par les Vandales, ruinée en 444 par Clodion, roi des Francs, saccagée plus tard par les Huns que commandait Attila, le cruel et féroce fléau de Dieu, envahie par les Normands en 861, prise par les Anglais en 1380 et en 1513; quand enfin, après avoir

---

[1] *Encyclopédie cath.*, art. *Morins et Morinie*, par M. l'abbé Parenty, tom. xiv, p. 702-703.

été rendue à la France, elle tomba sous le marteau démolisseur de Charles-Quint, qui s'en était emparé l'an 1553, et qui la rasa si complétement qu'elle ne put que longtemps après se relever à l'état d'un modeste et pauvre village, dont la population ne s'élève guère encore maintenant qu'à 900 âmes ; il n'est guère présumable que cette commune, dès qu'elle exista, ne ressentit pas quelque atteinte des malheurs qui affligeaient son chef-lieu.

Allouagne dut aussi, si son existence remonte bien à ces temps reculés, passer en fait de culte par les errements et les progrès que signale l'histoire religieuse des Morins, et voir, conséquemment, au culte druidique des anciens Gaulois, succéder celui des fausses divinités de Rome, et à ce dernier le culte saint et sacré de la religion chrétienne, qui persévère jusqu'à nos jours, et persévèrera, nous l'espérons, dans ce cher pays, comme le catholicisme lui-même dans le monde, jusqu'à la consommation des siècles.

Les premiers apôtres des Morins furent saint Fuscien et saint Victoric. Envoyés dans les Gaules par le pape Denis vers 275, sous l'empire d'Aurélien, ils vinrent à Thérouanne, et opérèrent de nombreuses conversions. Mais la persécution qui s'éleva sous le règne de Dioclétien les contraignit de se retirer vers Amiens, où ils furent martyrisés, l'an 303, par Rictiovar, préfet du prétoire. Sur la fin du IV° siècle, saint Victrice, archevêque de Rouen, vint continuer leur œuvre interrompue, et tels furent ses succès, qu'en l'an 400, il put dédier à saint Martin le temple païen que les Romains avaient érigé à Thérouanne. Il fit élever un monastère près de Sithiu (aujourd'hui Saint-Omer) et consacra plusieurs églises. Saint Maxime parut à son tour après les désastres causés par les Vandales, les Alains et autres peuples bar-

bares, ainsi que par les Francs et les Huns, et il produisit de grands fruits de salut par ses prédications.

Enfin, vers 531, arriva saint Antimond que l'on doit considérer comme le premier évêque de Thérouanne, bien que le pape Gélase, qui régna de 492 à 496, ait, durant son pontificat, environ 40 ans auparavant, établi un siége épiscopal dans cette ville.

Saint Antimond fut envoyé à Thérouanne par saint Remy, archevêque de Reims, dont la Morinie dépendait, depuis qu'en 313 cette province, sur la demande de sainte Hélène, mère du grand Constantin, avait été unie à ce siége, après avoir été précédemment commise aux soins de l'archevêque de Trèves. Et depuis saint Antimond, une suite de saints et de savants évêques, désignés sous le titre d'évêques de la Morinie et de Boulogne, gouvernèrent cette église jusqu'à l'évêque Antoine II de Créquy, qui, après la ruine de

Thérouanne, en 1553, fut transféré à l'é-
vêché de Nantes, puis en 1568 à celui
d'Amiens. Nommé cardinal en 1565, il
mourut le 20 juin 1574 dans cette dernière
ville, et fut inhumé dans son église cathédrale.

Ce diocèse de Thérouanne était extrê-
mement étendu, car nous voyons que, dès
le VIIIe siècle, il comprenait 800 paroisses
et 25 doyennés. Aussi, lorsqu'en 1553, il
cessa d'exister, on en put former les trois
évêchés de Saint-Omer, de Boulogne et
d'Ypres [1].

Jusqu'à cette époque, Allouagne avait
fait partie du diocèse de Thérouanne; mais
quand, par le traité de Câteau-Cambrésis
du 3 avril 1559, conclu entre Philippe II,
successeur de Charles-Quint, et Henri II,

---

[1] *Encyclopédie cath.*, art. *Morinie*, par M. l'abbé
Parenty, tom. XIV, p. 703. — *Ibid.* art. *Thérouanne*,
tom. XVII, p. 1080. — *Annuaire du Pas-de-Calais*,
par M. Aug. Parenty, année 1867, p. 327-333.

roi de France, il eut été arrêté que le territoire de Thérouanne serait partagé, et que l'on en formerait deux évêchés, l'un pour la France, et l'autre pour la Flandre, et que Pie IV, par une bulle de la même année, eut confirmé ce projet quelque peu modifié, en érigeant pour la domination espagnole les deux évêchés de Saint-Omer et d'Ypres, et pour la France, l'évêché de Boulogne, qu'il donna comme suffragant à l'archevêque de Rheims, cette paroisse fut adjointe au diocèse de Boulogne, et y demeura annexée jusqu'à la Révolution française. Elle relevait alors du doyenné d'Auchy-au-Bois, et le collateur de ce bénéfice était le prieur de Sainte-Christine de Beaurière, *sanctæ Christinæ de Beviria*, autrement dit de Labeuvrière près Béthune. Ce prieur, religieux de l'ordre de saint Benoît, était sujet ordinairement, et membre dépendant de l'abbaye de Cheveux, *monasterii Curofensis*, en Poitou. Plus tard, on le choisit parmi les religieux de Saint-Vaast d'Arras.

Le dernier évêque de Boulogne fut Jean-René Asseline, vicaire général de Paris. Sa nomination eut lieu le 18 octobre 1789, et son sacre le 3 janvier 1790. Il fit son entrée dans sa ville épiscopale le 6 février de la même année, et puis, forcé de quitter la France, pour échapper au couteau révolutionnaire, il dirigea ses pas vers l'Angleterre. C'est dans ce royaume qu'il mourut le 16 avril 1813 [1].

En conséquence du concordat de 1801, et selon la teneur de la bulle de Sa Sainteté Pie VII, en date du 19 novembre de la même année, le titre de l'évêché d'Arras fut supprimé, mais pour être érigé de nouveau par la même bulle et dans la même ville, toutefois avec des limites différentes et celles qu'il possédait jadis, et qui ne

[1] *Annuaire du Pas-de-Calais*, par M. Aug. Parenty, année 1867, p. 333-344.

sont autres actuellement que celles du département du Pas-de-Calais. Il est formé en partie des trois diocèses d'Arras, de Boulogne et de Saint-Omer, que comprenait le territoire du département avant 1789, et en partie de portions détachées des diocèses de Cambrai, Tournay, Amiens et Noyon. Mais aussi, en compensation, on adjoignit aux diocèses limitrophes tout ce qui, dans les trois diocèses réunis d'Arras, de Boulogne et de Saint-Omer, dépassait les limites du département.

L'évêque d'Arras peut, en vertu d'une décision pontificale, rendue à Rome le 23 novembre 1853, ajouter à son titre ceux des évêchés supprimés de Boulogne et de Saint-Omer. Il reconnaît pour métropolitain l'archevêque de Cambrai, depuis 1842 que ce titre a été rétabli. La bulle de Pie VII, du 29 novembre 1801, l'avait d'abord constitué suffragant de l'archevêque de Paris.

Le concordat qui supprimait l'évêché

de Boulogne, ayant réuni ce diocèse à celui d'Arras, il s'ensuit que la paroisse d'Allouagne fait maintenant partie intégrante
du nouveau diocèse d'Arras, et elle se
trouve comme telle comprise dans le
doyenné de Béthune.

Les évêques qui, depuis l'établissement
du culte catholique en France, ont gou-
verné successivement le nouveau diocèse
d'Arras sont :

1° Mgr Hugues-Robert-Jean-Charles de
la Tour d'Auvergne-Lauragais, né au château d'Auzeville, du canton de Toulouse,
dans le département de la Haute-Garonne,
le 14 août 1768, et nommé évêque d'Arras
le 9 avril 1802. Il reçut ses bulles d'institution le 6 mai suivant des mains du cardinal Caprara, légat du Saint-Siége. Ayant
été sacré à Saint-Roch le 16 du même mois
par l'archevêque de Malines qu'assistaient
l'évêque de Gand et l'ancien évêque de

Saint-Papoul, il fut installé solennellement le samedi 8 juin. Il refusa les archevêchés d'Avignon, de Lyon, de Paris et de Cambrai, que le gouvernement de juillet lui avait offerts successivement, parce que, selon ses expressions, « il voulait mourir au milieu de ses diocésains ». Il fut élevé à la dignité de cardinal le 23 décembre 1839, et mourut grand'croix de la Légion d'honneur en juillet 1851, après un long et glorieux épiscopat de 49 ans (1802-1851.)

2° Mgr Pierre-Louis Parisis, né à Orléans le 12 août 1795, évêque de Langres depuis 1835, et nommé évêque d'Arras le 5 septembre 1851. Il est mort le 5 mars 1866, après avoir exercé avec une rare distinction l'épiscopat durant 31 ans, dont près de 15 dans le diocèse d'Arras (1851-1866) [1].

[1] *Annuaire du Pas-de-Calais*, par M. Aug. Parenty p. 317-318.

3° Enfin, Mgr Jean-Baptiste-Joseph Lequette, né à Bapaume (Pas-de-Calais) le 23 juin 1811, consacré le 6 août 1866 dans la cathédrale d'Arras par Mgr Régnier, archevêque de Cambrai, assisté de Mgr Forcade, évêque de Nevers, et de Mgr Boudinet, évêque d'Amiens, en présence de Mgr de Mérode, archevêque *in partibus*, de Mgr le prince de la Tour-d'Auvergne, archevêque de Bourges, de Mgr l'évêque de Beauvais, de Mgr Baudichon, évêque missionnaire, de Mgr Haffreingue, prélat romain, protonotaire apostolique, du clergé du diocèse, des autorités civiles et militaires, et d'une assistance nombreuse et singulièrement sympathique.

L'épiscopat de Mgr Lequette, enfant connu et bien-aimé du diocèse, a commencé sous de trop heureux auspices, pour que l'on ne doive pas en attendre les plus avantageux résultats. Et l'expérience de chaque jour, en effet, fournit à ses diocésains de nouvelles occasions de bénir le divin Auteur « de toute grâce excellente et de tout don parfait », de ce qu'il opère de si précieuses choses par « l'homme de sa droite ».

# III

**Différents noms d'Allouagne; son château; son église.**

Il nous serait bien impossible actuellement d'indiquer d'une manière précise l'origine antique d'Allouagne, et de faire connaître en détail tous les faits de son histoire. Mais à quoi d'ailleurs nous servirait dans la pratique une semblable notion ? Nous savons d'abord que cette commune reçut différents noms avant d'être désignée sous celui qu'elle porte aujourd'hui. C'est ainsi qu'elle est nommée *Allone* et *Alosnes* au XI° siècle, *Alovana* et *Aleania* dans les chartes latines ; *Allewaigne* et *Alouaigne* dans les coutumes ; et ailleurs *Allouigne-Lavaigne, Allouaigne, Alloine* et *Alloigne*. On

la voit indiquée aussi sous le nom de
*Vagne.*

En 1037, Robert II, sire de Béthune, ac-
corda à la collégiale de Saint-Barthélemy
la dîme des bêtes fauves nourries dans la
forêt d'*Allone.* Un seigneur d'*Allewaigne* figure, en 1071, comme témoin d'une charte
de saint Liébert, évêque de Cambrai. Ses
successeurs étaient pairs du châtelain de
Béthune. Un marquis d'Assignies, Jean-
Baptiste-Eugène, chevalier, seigneur du
marquisat de Ruinchy, avoué et vicomte
de Thérouanne, baron d'*Alloine*, seigneur
de Lambres-lès-Aire, de Saint-Martin et
autres lieux, épousa Cornille de Beaufer-
mez, dame d'Esne, etc. Le bois d'*Allouagne*
fut amodié en 1695. Quelque temps auparavant, en 1676, la baronie d'Allouagne
avait été constituée en marquisat par Louis
XIV, en faveur de la famille d'Assignies [1].

[1] *Mémorial histor. et archéolog. du Pas-de-Calais,*
par M. Harbaville, tom. 1, p. 281-282, et de l'Ap-

La seigneurie de ce lieu, qui a longtemps appartenu à la puissante maison
d'Assignies, dépendait du château de Lens,
et tenait elle-même sous sa dépendance,
un grand nombre de vassaux propriétaires
de petits fiefs [1]. Mais, vers le milieu du
siècle dernier, cette seigneurie passa par
alliance à la maison des comtes de Lannoy,
qui, n'habitant pas la commune, laissèrent
peu à peu dépérir l'antique castel d'Allouagne.

Lors de la grande Révolution, il n'était
déjà plus qu'une ruine. Les matériaux ont
été vendus depuis; le terrain occupé par
les bâtiments a été nivelé; les fossés pro-
fonds qui l'entouraient, sont entièrement
comblés, et maintenant il ne reste plus au-

pendice, p. 10. — Malbrancq, *de Morinis*, t. III, liv.
9, chap. 9. — *Hierogazophilacium belgicum*, auctore Rayssio.

[1] *Numismatique béthunoise*, par M. Dancoisne, p.
136-139.

cune trace visible de cette ancienne demeure féodale.

Je ne sais pas s'il faut tenir compte d'une tradition populaire, qui prétend qu'à une époque que l'on ne précise pas, un amiral anglais a péri dans les fossés du château d'Allouagne, dont il voulait se rendre maître, au moment d'une incursion des gens de sa nation sur le territoire de la Morinie. Mais ce détail est sans grande importance.

C'est aux nobles seigneurs de la famille d'Assignies qu'Allouagne est redevable de la construction de son église. Cet édifice composé de trois nefs et d'une tour, le tout en pierre blanche du pays, ne porte aucune date ; mais par son style romano-byzantin tertiaire, ou de transition, il paraît remonter au XII<sup>e</sup> siècle, et, par l'étendue de son vaisseau, il semble indiquer que, dès cette époque reculée, la paroisse d'Allouagne possédait déjà une population assez nombreuse.

Le chœur était autrefois séparé des nefs par la tour; mais, en 1808, le clocher de celle-ci l'ayant effondré en tombant, on l'a rebâti à l'extrémité opposée. Malheureusement, cette construction nouvelle n'est pas en rapport avec le style du monument, et devra nécessairement disparaître, quand les ressources de la commune permettront d'agrandir et de restaurer l'église; agrandissement et restauration que réclament l'augmentation toujours croissante de la population et le délabrement de l'édifice, que dissimule cependant quelque peu le frais badigeon qu'il a reçu tout récemment (1868.)

# IV

## Histoire d'Allouagne depuis 1789 jusqu'à nos jours.

En 1789, le clergé de la paroisse d'Allouagne se composait d'un doyen et de son vicaire. Ils avaient pour leur entretien, celui du culte et l'assistance des pauvres, la perception de la dîme ecclésiastique, les offrandes des fidèles, et les revenus de vingt-et-une mesures environ de terre que possédait alors la fabrique. Le vicaire résidait dans une demeure attenante au presbytère. Ces deux maisons avec leurs jardins respectifs étaient la propriété de l'église.

La dîme ayant été abolie dans la nuit du 4 août 1789, et la Constituante ayant de plus, le 2 novembre de la même année, dé-

crété que les biens du clergé seraient mis
à la disposition de la nation, à la charge
par celle-ci de pourvoir d'une manière
convenable aux frais du culte, à l'entretien de ses ministres et au soulagement des
pauvres, le doyen d'Allouagne et son vicaire durent dès lors, ainsi que tout le
reste du clergé, attendre leur pain quoti-
dien d'un bon vouloir qui n'existait assurément pas chez les meneurs de la Révolution, et qui, dans les autres, allait bientôt
être réduit à l'impuissance. Ce que vou-
laient au fond les révolutionnaires, c'était
la destruction de l'Église catholique en
France, comme ils le manifestèrent bientôt.

Après le décret du 13 février 1790, qui
supprimait les ordres religieux et les vœux
monastiques, vint celui du 14 août suivant,
qui établissait la constitution civile du
clergé et jetait la nation dans l'hérésie et
le schisme. Prêter serment, comme on

l'exigeait, à une pareille constitution, c'était une prévarication qu'aucun prêtre digne de ce nom ne pouvait admettre. Aussi tout le clergé français en masse, si l'on en excepte quelques âmes pusillanimes et quelques cœurs gangrenés, y refusa-t-il son adhésion. C'était s'enlever ses moyens d'existence, car, par le décret du 27 novembre 1790, tout évêque ou curé qui, sous huit jours, n'aurait pas fait le serment imposé, devait être considéré comme démissionnaire. Et l'on pouvait dès lors prévoir que les Constituants ne s'arrêteraient pas dans cette voie, et que l'on était à la veille d'une persécution qui ferait des martyrs.

M. Lobel, doyen d'Allouagne, et M. Roche, son vicaire, ne faillirent point à leur devoir : ils refusèrent le serment, et prirent ensuite courageusement le chemin de l'exil, quand ils eurent perdu tout espoir de sécurité dans leur patrie.

Nous n'avons pas besoin de rappeler par

quelles épreuves ignominieuses et sanglantes la Révolution fit passer notre malheureux pays, à la suite de ces décrets, qui, en détruisant la vraie foi, devaient bientôt lâcher la bride à tous les instincts pervers, l'histoire ne les a-t-elle pas enregistrées, et le souvenir n'en est-il pas encore vivant dans les esprits ?

Disons cependant, en ce qui concerne Allouagne, que c'est pendant cette époque néfaste que périt malheureusement un de ses habitants les plus distingués.

M. Louis de l'Orne d'Alincourt, originaire de Paris, ayant épousé, tandis qu'il résidait à Aire, une personne d'Allouagne, avait donné sa démission d'officier pour venir habiter dans cette commune. Il y demeurait déjà depuis quelques années, et y faisait le bien, quand éclata la Révolution. Il n'émigra pas immédiatement comme tant d'autres. Cependant, persuadé par un misérable qui sous l'apparence du dévoue-

2.

ment et de l'amitié le trahissait indigne-
ment, et le dénonçait au comité révolutionnaire, il se disposait à rejoindre bientôt les émigrés près de Coblentz, lorsqu'il
fut arrêté comme suspect et écroué dans la
prison de Béthune.

Il obtint alors du conseil de la commune d'Allouange des marques de sympathie
d'autant plus éclatantes, que, de la part
des corps constitués, elles étaient plus rares à cette époque. Le 19 frimaire an II
(9 décembre 1793), les municipaux d'Allouagne, pour obtenir son élargissement
écrivirent à Joseph Le Bon :

« Tout son crime a était de s'être laissé
entrenez par le praître non conformiste.
Il a nourri un pauvre vieillart chez lui, et
dont il a le plus grant soin. Il en a soutenu
un autre pendant huit mois vis-à-vis de
chez lui. Il a donné quarante écu pour ai-
der à faire des hommes pour le contagens
de ladite commune. Tous les citoyens de

la commune demande sa liberté, et le prendront sous leur surveillance s'il est nécessaire [1]. »

Cette requête n'obtint point l'effet désiré, car M. de l'Orne d'Alincourt fut maintenu dans la prison de Béthune. Le Bon l'en tira le 5 floréal pour le faire venir à Arras et, le 12 de ce même mois (1er mai 1794), ce monstre féroce, qui dînait avec son bourreau et avait sur sa table une petite guillotine qu'il faisait jouer sous ses yeux par manière de divertissement [2], l'envoya froidement à l'échafaud.

Malgré sa jeunesse (il n'avait encore que 38 ans) et le regret qu'il éprouvait de laisser après lui une épouse bien aimée exposée à périr elle-même, et plusieurs enfants en bas âge privés de ressources par la confiscation de ses biens, M. de l'Orne d'Alin-

[1] *Archives départementales.*
[2] *Précis de l'Histoire de France*, par M. Drioux, p. 477.

court gravit cependant avec calme les degrés de la fatale machine, et mourut en vrai chevalier chrétien, après avoir généreusement pardonné au traître infâme qui, en le dénonçant, avait occasionné sa mort.

Mᵐᵉ de l'Orne d'Alincourt, qui avait été mise en prison à Béthune en même temps que son époux, aurait sans doute partagé son sort funeste, si le fruit qu'elle portait dans son sein, n'avait fait retarder son jugement. La chute de Le Bon, qui périt justement par le même supplice qu'il avait si injustement infligé à tant d'innocentes victimes, et celle de Robespierre, le plus fougueux et le plus sanguinaire des tyrans, la firent renvoyer dans ses foyers, où elle vécut jusqu'en 1856 [1].

C'est aussi pendant l'époque révolutionnaire, que l'église d'Allouagne fut complé-

[1] La Terreur dans le Pas-de-Calais, histoire de Joseph Le Bon, par M. A.-J. Paris, p. 262-263.

tement dévastée. Ses magnifiques cloches furent fondues; ses beaux ornements, ses riches reliquaires, ses autels, sa chaire, tout son mobilier devint la proie de quelques acquéreurs avides et sans conscience, qui les eurent à vil prix. Si l'église elle-même ne tomba pas entre leurs mains rapaces, c'est que l'offre de 1500 fr. faite par deux de ces bons apôtres, le 5 thermidor an IV (23 juillet 1796), pour qu'elle leur fût cédée avec ses dépendances, ne parut pas au gouvernement d'alors, tout facile qu'il était sous ce rapport, une somme suffisante, même en y ajoutant les quatre à cinq cents francs que nos amateurs de biens ecclésiastiques paraissaient disposés à donner encore.

En la même année 1796, les administrateurs du département adjugèrent à différents particuliers, en présence du commissaire du Directoire exécutif, les dix-huit parcelles de terre que possédait autrefois la paroisse d'Allouagne, et qui produisirent une somme de 27,850 fr.

Le presbytère et la maison vicariale, avec les jardins attenants, furent également vendus le 14 messidor an IV (2 juillet 1796), à un cultivateur de Labeuvrière, qui ne les paya que 1,512 fr. [1].

La paroisse d'Allouagne, après le départ de MM. Lobel et Roche, se trouva pendant quelques années entièrement abandonnée à elle-même, et sans aucun culte extérieur. Ce qui, dans un sens, valait mieux encore que d'être souillée par le culte dit de la Nature et de la Raison, comme on le vit à Paris, symbolisé sur l'autel de la patrie par une prostituée costumée en déesse [2].

Cependant Allouagne, où le christianisme avait été florissant, méritait de ne pas

[1] *Archives départementales.*
[2] *Précis de l'Histoire de France*, par M. Drioux, p. 475.

être trop longtemps privé des secours de
la religion. M. l'abbé Lobel, son ancien
doyen, mourut, il est vrai, bientôt après
son départ pour la terre étrangère. Mais
son vicaire, M. l'abbé Roche, jeune encore
et d'une santé robuste, supporta plus facile-
lement les fatigues et les privations de l'exil.
Le souvenir d'Allouagne lui revenait sans
cesse à l'esprit, et après avoir séjourné trois
ans à Alost, ville forte autrefois du royaume des Pays-Bas et maintenant de la Belgique, sur la Dendre, entre Gand et
Bruxelles, il essaya de rentrer en France.
Ce qu'il effectua heureusement.

Il revint donc à Allouagne où il exerça
secrètement, ainsi que dans le voisinage,
les précieuses fonctions du ministère pas-
toral. Il exposa plusieurs fois sa vie pour
procurer à ses ouailles fidèles les consolants
secours de la religion. Puis, quand la tour-
mente révolutionnaire fut passée, que la
paix fut rendue à l'Église, il reçut dans le

courant de mars 1803, sa nomination, non pas de doyen d'Allouagne, il ne devait plus y en avoir, mais de simple desservant et sans vicaire, car il ne fallait pas songer à un aide de ce genre pour le moment.

M. l'abbé Roche s'efforça de relever ce que la Révolution avait détruit, et parvint à donner au culte toute la décence que les modestes ressources de la paroisse permettaient, après tant de ruines publiques et privées.

Dans cette œuvre de restauration, il fut généreusement secondé par la noble et pieuse famille d'Alincourt, qui n'avait pas craint de s'exposer elle-même, en lui donnant asile dans les mauvais jours de la Révolution, et qui réclama sa nomination comme curé d'Allouagne près de Mgr de La Tour d'Auvergne, à son arrivée dans le le diocèse. Et jusqu'aujourd'hui, tous les curés, ses successeurs, ont également joui de ce bienveillant concours : car c'est à cette excellente famille que l'église d'Allouagne doit presque tout ce qu'elle possède d'ornements et de vases sacrés.

M. l'abbé Roche espérait terminer sa carrière au milieu des paroissiens d'Allouagne, qu'il aimait et dont il était aimé. Mais Mgr de la Tour d'Auvergne jugea qu'il méritait un poste plus important, et le nomma, en 1822, curé-doyen de Rivière, où il finit ses jours, estimé et chéri des habitants de sa paroisse, ainsi que de tous les prêtres de son canton, qui l'accompagnèrent en foule et pleins de regrets jusqu'à sa dernière demeure.

Il eut pour successeur à Allouagne M. l'abbé Mathon, qui desservit la paroisse jusqu'au mois de juillet 1829.

Son remplaçant fut M. l'abbé Pomart, prêtre pieux et zélé, *qui passa en faisant le bien*, et produisit des fruits abondants de salut. Son départ fut vivement regretté de ses paroissiens, qui l'affectionnaient, et sa mémoire est demeurée en bénédiction.

Le 12 avril 1842, M. Cyrille Mienné, né à Nédonchel le 23 octobre 1806, et prêtre depuis le 27 mars 1830, fut nommé desservant d'Allouagne, en remplacement de M. Pomart, qui lui succédait dans la paroisse de Cuinchy-lès-Labassée, poste que M. Mienné avait occupé quelque temps après avoir quitté la paroisse de La Cauchie et La Herbière, dans le canton de Rivière, où il avait été nommé au sortir de son ordination, et où il avait connu M. le doyen Roche, dont il devait un jour occuper la place à Allouagne.

M. l'abbé Mienné fut installé le 26 avril, et prit aussitôt possession de son poste.

Sous son administration eurent lieu, en 1842, la bénédiction d'un calvaire autorisée par Son Éminence le cardinal de la Tour d'Auvergne ; en 1843, l'institution du mois de Marie ; en 1847, 1850 et 1852, les exercices du Jubilé, qui ne furent pas sans fruits ; en 1853, le 17 mai, la réception solennelle de Mgr Parisis, qui venait donner la confirmation à 180 personnes, et, le 5 septembre, la bénédiction de la chapelle sépulcrale de la famille de l'Orne d'Alincourt ; en 1855, encore un Jubilé dont les exercices sont bien suivis ; en 1858, le 14 mai, la deuxième visite de confirmation de Mgr Parisis, et la même année, au mois de décembre, une retraite jubilaire couronnée de succès ; en 1861, le 13 octobre l'érection d'un Chemin de Croix par M. l'abbé Cloët, doyen de Beuvry ; en 1862, le 14 mai, la troisième et dernière visite de Mgr Parisis ; en 1865, les exercices d'un jubilé pendant le temps pascal, et le premier dimanche d'octobre, la bénédiction d'une chapelle construite en l'honneur de la sainte Vierge par la famille Sence; enfin, en 1866, au mois d'octobre, la première visite épiscopale de Mgr Lequette, à qui

M. Edmond de l'Orne d'Alincourt, maire de la commune, offrit une gracieuse hospitalité.

———

# V

**Qu'était-ce que Godefroy de Bouillon, qui envoya d'Orient à sa nourrice, originaire et habitante d'Allouagne, une très-précieuse Larme de Notre-Seigneur Jésus-Christ.**

Mais là se termine-t-elle, l'histoire de la paroisse d'Allouagne? Assurément non, hâtons-nous de le dire, et disons-le bien haut. Il nous reste encore à narrer un fait dont tous ceux qui précèdent ne sont que comme le piédestal et l'encadrement, et que nous n'avons réservé jusqu'ici que pour lui donner une mention plus spéciale.

L'an 1100 de l'ère chrétienne, régnait glorieusement à Jérusalem, nouvellement conquise par les Croisés, un prince illustre, qui tient de trop près à notre ancienne Morinie par sa naissance, et à la paroisse

3

d'Allouagne en particulier, par sa pieuse
générosité, pour que nous ne cherchions
pas à le faire connaître, et à conserver im-
mortellement sa mémoire.

Godefroy était son nom. Il naquit en
1061, dans la demeure des comtes de Boulogne, dont il descendait. Il eut pour père
le comte Eustache II, qui jouissait d'une
grande faveur à la cour de France, et pour
mère la bienheureuse Ida, fille de Godefroy le Barbu, duc de Basse-Lorraine, dans
les veines de laquelle coulait le sang de
Charlemagne. Son oncle paternel fut
évêque de Paris, et son oncle maternel,
Godefroy le Bossu, fut duc de la Basse-Lorraine. Celui-ci voyant les qualités rares de
son neveu, son esprit chevaleresque et son
excellent cœur, l'adopta pour son fils et le
fit son héritier à défaut d'enfants mâles.
Son grand-oncle maternel, Etienne, frère
de Godefroy le Barbu, fut le premier prélat du Mont-Cassin, après avoir été archi-

diacre de Liége. Il devint ensuite Pape, et se distingua par une sainteté digne des premiers siècles du christianisme. C'est lui qui ramena au devoir l'Église de Milan, deux cents ans après qu'elle s'était séparée de Rome.

Le surnom de Godefroy était de Bouillon, surnom qu'il tirait du château héréditaire de sa mère, chef-lieu d'un duché de même nom. Élevé par une mère aussi vertueuse que la bienheureuse Ida, et n'ayant sous les yeux que des exemples de courage et d'édification, notre jeune enfant devait naturellement devenir un excellent chrétien et un chevalier sans peur et sans reproche.

En effet, l'histoire contemporaine qui nous a transmis son portrait, nous apprend qu'il joignait la bravoure et les vertus d'un héros à la simplicité d'un cénobite. Son adresse dans les combats, une force de corps extraordinaire le faisaient admirer au mi-

lieu des camps. La prudence et la modéra-
tion tempéraient sa valeur, et jamais sur le
champ de bataille, il ne compromit ou ne
déshonora sa victoire par un carnage inu-
tile, ou par une ardeur téméraire. Animé
d'une dévotion sincère et ne voyant la
gloire que dans le triomphe de la justice, il
se montrait toujours prêt à se dévouer pour
la cause du malheur et de l'innocence.
Les princes et les chevaliers le regar-
daient comme leur modèle, les soldats
comme leur père, les peuples comme leur
appui.

A peine Godefroy de Bouillon était-il
sorti de l'adolescence, que son courage
éprouvé lui valut le privilége de porter le
grand étendard de l'empire dans la san-
glante bataille livrée en 1080, sur l'Elster,
où l'anti-César Rodolphe de Souabe disputa
la couronne à Henri IV. Ce fut notre jeune
héros qui, dans cette terrible mêlée, frappa
lui-même du fer de sa bannière l'audacieux

compétiteur en pleine poitrine, et ce coup fut mortel, car, peu de jours après, Rodolphe rendit l'âme à Mersebourg. C'est cette circonstance, plus encore que le succès d'une bataille demeurée incertaine, qui termina la guerre à l'avantage de l'empereur Henri. A quelque temps de là, celui-ci épousa en secondes noces la sœur de Godefroy, Praxède-Adelaïde.

Après le concile de Clermont, tenu par le pape Urbain II, en 1095, Godefroy, alors duc de Basse-Lorraine, fut le premier à s'enrôler sous l'étendard de la Croix. Il mettait du reste de la sorte à exécution le vœu qu'il avait fait d'entreprendre le pèlerinage de la Terre-Sainte, vœu qui lui avait valu la délivrance immédiate d'une grave maladie dont il était atteint.

Afin de pouvoir exécuter ce projet, il permit aux habitants de Metz de racheter leur ville dont il était suzerain. Il vendit la principauté de Stenay à l'évêque de Verdun,

et céda ses droits sur le duché de Bouillon
à l'évêque de Liége.

Le mérite, la piété, les talents militaires,
la force athlétique et le courage à toute
épreuve, la modestie et le désintéressement
de Godefroy de Bouillon lui obtinrent tout
naturellement, et sans contestation, la première place dans l'armée des Croisés. Alexis
Comnène, empereur grec de Constanti-
nople, l'eut en telle vénération pour ses
qualités après les avoir éprouvées, qu'il
l'adopta solennellement pour son fils, et
mit l'empire sous la protection de ses
armes. La victoire de Nicée et la reddition
de cette ville furent dues en bonne partie
à la valeur intrépide et éclairée de Godefroy, que l'on trouvait partout au premier
rang. Il savait animer les plus indolents,
et sa main vigoureuse terrassait les plus
fiers ennemis. C'est lui qui, par son arrivée
en temps utile, sauva l'armée chrétienne
dans les plaines de Dorylée, et lui fit rom-

porter une éclatante victoire sur le sultan Kilidi-Arslan. Celui-ci dut prendre la fuite plein de consternation. Il s'écriait ensuite, en parlant des Francs aux Arabes : « Vous ne connaissez pas les Francs, vous n'avez pas éprouvé leur courage, cette force n'est pas de l'homme, mais de Dieu ou du diable ». Et qui fut jamais plus Franc que Godefroy de Bouillon, leur chef et leur modèle à tous?

Godefroy eut également sa part glorieuse à la prise de la grande ville d'Antioche, la capitale et le boulevard de la Syrie où commandait Bagui-Sian, émir turcoman, et dont le siége dura huit mois (octobre 1097 — juin 1098); à la célèbre victoire remportée sur Kerboga, prince de Massoul, tout près d'Antioche (29 juin 1098), où périrent cent mille cavaliers musulmans et une innombrable multitude de fantassins; et enfin à la prise de Jérusalem (vendredi 15 juillet 1099).

Aussi, quand les Croisés, dix jours après leur victoire (23 juillet), s'occupèrent de relever le trône de David et de Salomon, et d'y placer un chef qui pût conserver et maintenir une conquête que les chrétiens venaient de faire au prix de tant de sang, les dix hommes choisis parmi les plus recommandables du clergé et de l'armée pour élire le roi de Jérusalem, avec promesse de n'écouter aucun intérêt, aucune affection particulière, mais de couronner uniquement la sagesse et la vertu, ne crurent-ils pas mieux agir, toutes informations prises, que de proclamer Godefroy de Bouillon roi de la Cité sainte.

Cette nomination causa la plus vive allégresse dans l'armée chrétienne, qui remercia le ciel de lui avoir donné pour chef et pour maître celui qui l'avait si souvent conduite à la victoire. D'ailleurs, qui mieux que lui méritait cet honneur? En était-il un dans l'armée qui fût plus religieux et

plus dévoué pour Dieu ? Il avait renoncé
aux douceurs de la famille pour mieux
servir la cause du Sauveur, en arra-
chant son tombeau d'entre les mains des
infidèles. Son grand bonheur était de prier
dans les lieux consacrés au culte ; c'était
même le seul défaut que, dans leur sincé-
rité naïve, ses serviteurs lui reprochèrent,
lorsque l'on fit une enquête à son sujet.
« Il contemple, disaient-ils, avec trop de
curiosité les images et les peintures des
églises, et s'y arrête si longtemps, même
après les offices divins, que souvent il laisse
passer l'heure du repas, et que les mets
préparés pour sa table se refroidissent
et perdent leur saveur. » Quand Jérusalem
eut été prise, grâce surtout à ce valeureux
champion du Christ, ne l'avait-on pas vu
s'abstenir du carnage après la victoire,
quitter ses compagnons, et suivi de trois
serviteurs, se rendre sans armes et les pieds
nus à l'église du Saint-Sépulcre ? Exemple.

3.

qui bientôt eut des milliers d'imitateurs.

Qui donc était plus charitable et plus généreux pour secourir le prochain? On l'avait vu nombre de fois s'exposer au danger pour en retirer les autres, et partager avec les nécessiteux jusqu'à son dernier morceau de pain. C'est par suite de sa générosité qu'il s'était un jour trouvé sans cheval et sans argent pour en acheter un autre, et ce fut sur un cheval de louage qu'il dut conduire les Croisés à cette fameuse victoire d'Antioche, qui délivra l'armée chrétienne du suprême péril qu'elle courait, et lui permit de se diriger enfin vers Jérusalem. C'est lui qui, en retenant à Antioche les chefs découragés des Croisés, et leur faisant prêter serment de ne pas abandonner la multitude à la merci des Musulmans, avait sauvé la vie à cette même multitude, qui, délaissée de ses chefs, ne pouvait échapper au sort le plus affreux.

Qui donc était plus robuste et plus courageux ? Il se trouvait toujours au plus fort du danger, et tous ses coups étaient mortels. Au siége de Nicée, ne fut-ce pas sa main nerveuse qui fit mordre la poussière à ce Turc fanfaron, d'une taille gigantesque, qui insultait l'armée du Christ du haut des murailles, et contre l'armure duquel tous les traits des Croisés avaient été jusqu'alors sans résultat ? N'est-ce pas lui qui, pour arracher à la mort un simple soldat qu'un affreux ours attaquait, s'était élancé à sa défense et avait étouffé la bête cruelle dans l'étreinte de ses bras herculéens ? N'est-ce pas lui qui, dans une rencontre près d'Antioche, où il sauva ses compagnons engagés dans un combat inégal en accourant à leur secours, avait, d'un seul coup d'épée, fendu en deux un Turc à la haute stature, qui, en le frappant lui-même, avait du premier choc qu'il lui porta, mis en pièces son bouclier ? N'est-ce pas lui qui, d'un seul coup aussi, et chaque fois que l'on voulait en renouveler l'épreuve, abattait la tête du chameau le plus fortement constitué?

Godefroy de Bouillon, en un mot, était aux yeux de tous, le chrétien, le chevalier, le héros par excellence, et ce qui donnait le dernier lustre à toutes les qualités, c'est que, par sa simplicité charmante et son incomparable modestie, ce grand homme semblait s'ignorer lui-même.

L'expérience prouva bientôt combien le choix que l'on avait fait de lui pour roi de Jérusalem, était un choix heureux et providentiel.

Godefroy, conduit en triomphe à l'église du Saint-Sépulcre, prêta serment de respecter les lois de l'honneur et de la justice; mais il refusa le diadème et les marques de la royauté, en disant qu'il n'accepterait jamais une couronne d'or dans une ville où le Sauveur du monde avait été couronné d'épines. Il se contenta du titre modeste de défenseur et de baron du Saint-

Sépulcre. Il affermit la conquête des Croisés, et se fit également aimer et respecter des chrétiens et des infidèles eux-mêmes, dont il excitait l'admiration, et qui proclamaient à l'envi que jamais homme ne fut plus digne de commander aux nations.

Malheureusement, son règne fut de trop courte durée. Il mourut le 17 juillet 1100, un année après la prise de Jérusalem.

Sa mort fut celle d'un héros chrétien. Avant de paraître devant Dieu, quelque régulière et exemplaire qu'ait été sa conduite, il voulut faire une revue de toutes les fautes de sa vie, et reçut les sacrements avec une piété qui émut jusqu'aux larmes tous les assistants.

Il fut enseveli dans l'église du Saint-Sépulcre, au pied du Calvaire, où il attend la résurrection glorieuse.

On conserve encore aujourd'hui dans cette église cette terrible épée de notre compatriote, qui abattait les têtes des cha-

meaux, et pourfendait les géants Sarra-
sins [1].

C'est pendant son règne éphémère que
Godefroy de Bouillon envoya plusieurs reliques fort précieuses à sa mère, la bienheureuse Ida, qui résidait à Boulogne, et
entre autres une relique du très-saint sang
de Notre-Seigneur, que l'on conserve encore dans cette ville, en l'église de Saint-
François de Sales, de Bréquerecque [2].

C'est aussi dans le même temps qu'il envoya à sa nourrice, native et habitante
d'Allouagne, une relique également précieuse, une Larme de Notre-Seigneur Jésus-Christ versée au tombeau de Lazare, et

[1] *Natal. SS. Belgii*, auctore Molano ; append. de
Rege Godefrido Bullonio, p. 155. — *Encyclopédie
cath.*, art. *Godefroy de Bouillon*, tom. IV, p. 163-165.
— *Histoire univ. de l'Eglise cath.*, par Rohrbacher,
t. XIV, liv. 66e, p. 548-646.

[2] Malbrancq., *de Morinis*, tom. III, liv. IX, ch. 9.
— *Notre-Dame de Saint-Sang*, par M. l'abbé D. Hai-
gneré, archiviste de la ville de Boulogne.

conservée jusqu'à ce jour dans l'église de cette paroisse [1].

Mais avant de faire l'historique de cette sainte Relique, il est bon, sans doute, que nous parlions des Larmes que répandit Notre-Seigneur.

[1] Malbrancq., *de Morinis*, t. III, liv. IX, ch. IX.

# VI

L'Écriture sainte relate trois circonstances dans lesquelles Notre-Seigneur Jésus-Christ versa des larmes.

D'après l'évangéliste saint Luc, Jésus-Christ pleura le jour de son entrée triomphante à Jérusalem et sur cette ville. Voici comment il raconte ce fait :

« Et comme Jésus approchait, voyant la ville, il pleura sur elle, disant :

« Si tu connaissais, toi aussi, au moins en ce jour qui t'est encore donné, ce qui importe à ta paix ! mais maintenant ces choses sont cachées à tes yeux.

« Car des jours viendront sur toi, où tes

ennemis t'environneront de tranchées, t'en-
fermeront, te serreront de toutes parts, et
te renverseront par terre, toi et tes enfants
qui sont au milieu de toi, et ils ne laisse-
ront pas en toi pierre sur pierre, parce que
tu n'as pas connu le temps où tu as été
visitée [1]. »

D'après l'apôtre saint Paul, Notre-Seigneur pleura aussi durant le cours de sa
Passion ; mais il ne nous exprime pas si ce
fut au jardin des Oliviers, ou si ce fut sur
la croix. Voici ses expressions :

« Dans les jours de sa chair, Jésus ayant
offert avec larmes et grands cris des prières
et des supplications à celui qui pouvait le
sauver de la mort, il a été exaucé pour son
humble respect [2]. »

Enfin, d'après saint Jean, le disciple bien-
aimé, Notre-Seigneur avait déjà pleuré
quelques mois auparavant, lorsqu'il res-

[1] Luc, xix, 41-44.
[2] Hebr, v, 7.

suscita Lazare, son ami. Mais laissons la
parole à l'apôtre chéri pour nous rapporter
ce miracle éclatant, qui fit que « beaucoup
d'entre les Juifs qui étaient venus près de
Marthe et Marie, et qui avaient vu ce que
fit Jésus, crurent en lui [1] ».

« Or, il y avait un certain malade, Lazare de Béthanie, *ainsi appelé* du bourg où
demeuraient Marie et Marthe, sa sœur.

« (Marie était celle qui oignit le Seigneur
de parfum, et lui essuya les pieds avec ses
cheveux, et Lazare, alors malade, était son
frère).

« Ses sœurs donc envoyèrent dire à Jésus : Seigneur, voilà que celui que vous
aimez est malade.

« Ce qu'entendant, Jésus leur dit : Cette
maladie ne va pas jusqu'à la mort, mais
elle est pour la gloire de Dieu, afin que le
Fils de Dieu en soit glorifié.

[1] Jean, xi, 45

« Or, Jésus aimait Marthe et sa sœur Marie, et Lazare.

« Ayant donc entendu dire qu'il était malade, il demeura toutefois deux jours encore au lieu où il était.

« Et après cela, il dit à disciples : Retournons en Judée.

« Les disciples lui dirent : Maître, tout à l'heure les Juifs cherchaient à vous lapider, et vous retournez-là ?

« Jésus répondit : N'y a-t-il pas douze heures dans le jour? Si quelqu'un marche pendant le jour, il ne se heurte point, parce qu'il voit la lumière de ce monde.

« Mais s'il marche pendant la nuit, il se heurte, parce qu'il n'a point de lumière.

« Il leur parla ainsi, et ensuite il leur dit : Lazare, notre ami, dort ; mais je vais le tirer de son sommeil.

« Or ses disciples lui dirent : Seigneur, s'il dort, il guérira.

« Jésus avait parlé de sa mort, mais eux

crurent qu'il parlait de l'assoupissement du sommeil.

« Alors Jésus leur dit clairement : Lazare est mort.

« Et je me réjouis à cause de vous, de ce que je n'étais pas là, afin que vous croyiez; mais allons à lui.

« Sur quoi Thomas, qui est appelé Didyme, dit aux autres disciples : Allons, nous aussi, afin que nous mourions avec lui.

« Jésus vint donc, et il le trouva mis dans le sépulcre depuis quatre jours.

« (Or Béthanie était près de Jérusalem, à environ quinze stades.)

« Cependant, beaucoup de Juifs étaient venus près de Marthe et de Marie, pour les consoler de la mort de leur frère.

« Marthe donc, dès qu'elle eut appris que Jésus venait, alla au-devant de lui, mais Marie se tenait dans la maison.

« Et Marthe dit à Jésus : Seigneur, si vous aviez été là, mon frère ne serait pas mort.

« Cependant, maintenant même, je sais que tout ce que vous demanderez à Dieu, Dieu vous le donnera.

« Jésus lui dit: Votre frère ressuscitera.

« Marthe lui dit: Je sais qu'il ressuscitera à la résurrection, au dernier jour.

« Jésus lui dit: C'est moi qui suis la résurrection et la vie; celui qui croit en moi, quand même il serait mort, vivra.

« Et quiconque vit et croit en moi, ne mourra jamais. Croyez-vous cela?

« Elle lui répondit: Oui, Seigneur, je crois que vous êtes le Christ, le Fils du Dieu vivant, qui êtes venu en ce monde.

« Après qu'elle eut dit cela, elle s'en alla et appela Marie, sa sœur, en secret, disant: Le Maître est là, et il t'appelle.

« Ce que celle-ci ayant entendu, elle se leva promptement et vint à lui.

« Car Jésus n'était point encore entré dans le bourg, mais il était dans le lieu où Marthe l'avait rencontré.

« Cependant les Juifs qui étaient dans la maison avec Marie, et la consolaient, lorsqu'ils la virent se lever si promptement et sortir, la suivirent, disant : Elle va au sépulcre pour y pleurer.

« Et quand Marie fut venue où était Jésus, le voyant, elle tomba à ses pieds, et lui dit : Seigneur, si vous aviez été ici, mon frère ne serait pas mort.

« Mais lorsque Jésus la vit pleurant, et les Juifs qui étaient venus avec elle pleurant aussi, il frémit en son esprit, et se troubla lui-même.

« Et il dit : Où l'avez-vous mis ? Ils lui répondirent : Seigneur, venez et voyez.

« Et Jésus pleura.

« Et les Juifs dirent : Voyez comme il l'aimait !

« Mais quelques-uns d'eux dirent : Ne pouvait-il pas, lui qui a ouvert les yeux d'un aveugle-né, faire que celui-ci ne mourût point ?

« Jésus donc, frémissant de nouveau en lui-même, vint au sépulcre : c'était une grotte, et une pierre était posée dessus.

« Jésus dit : Otez la pierre. Marthe, la sœur de celui qui était mort, lui dit : Seigneur, il sent déjà mauvais, car il est mort depuis quatre jours.

« Jésus lui répondit : Ne vous ai-je pas dit que, si vous croyiez, vous verriez la gloire de Dieu.

« Ils ôtèrent donc la pierre ; alors Jésus, levant les yeux en haut, dit : Mon Père, je vous rends grâces de ce que vous m'avez écouté.

« Pour moi, je savais que vous m'écoutiez toujours ; mais c'est à cause de ce peuple qui m'environne que j'ai parlé, afin qu'ils croient que c'est vous qui m'avez envoyé.

« Ayant dit cela, il s'écria d'une voix forte : Lazare, sors !

« Et aussitôt sortit celui qui avait été mort, lié aux pieds et aux mains de bandelettes, et le visage enveloppé d'un suaire. Jésus leur dit : Déliez-le et laissez-le aller [1]. »

[1] Jean. XI, 1-44.

# VII

**Conservation des Larmes de Notre-Seigneur Jésus-Christ, et en particulier de la sainte Larme de Vendôme et de celle de Liége.**

La sainte Écriture ne nous dit pas que l'on ait recueilli les larmes que répandit Notre-Seigneur en ces trois différentes circonstances que nous venons de relater. Mais la sainte Écriture ne dit pas tout. En effet, comme s'exprime l'apôtre saint Jean : « Il y a encore beaucoup d'autres choses que Jésus a faites ; si elles étaient écrites en détail, je ne pense pas que le monde lui-même pût contenir les livres qu'il faudrait écrire [1] ». Nous savons par tradition

[1] Jean. xxi, 25.

4

que plusieurs des larmes répandues à la résurrection de Lazare furent conservées avec un soin religieux, et devinrent la possession de quelques églises tant de la France que de l'étranger.

C'est ainsi, par exemple, qu'autrefois on en possédait une dans l'église de l'abbaye de Vendôme, jadis du diocèse de Chartres, et maintenant du diocèse de Blois, dans le département de Loir-et-Cher. Cette abbaye, dont on jeta les fondements vers l'an 1033, et dont la dédicace de l'église fut faite le 21 mai 1040, était occupée par les religieux Bénédictins de la congrégation de Saint-Maur. Ils reçurent cette précieuse relique des fondateurs de l'abbaye : Geoffroy Martel, comte d'Anjou et de Vendôme, et la comtesse Agnès, sa femme [1].

---

[1] Lettre d'un Bénédictin (le P. Mabillon) à Mgr de Blois, touchant le discernement des anciennes reliques. *Mémoires pour servir d'éclaircissement à l'histoire de la sainte Larme de Vendôme*, page 46.

On célébrait alors une fête très-solennelle de cette sainte Larme le vendredi après le quatrième dimanche de Carême, jour où l'on récite à la messe l'évangile de la résurrection de Lazare. Il s'y rendait une grande quantité de monde, et il s'y opérait souvent de grands miracles. On y distribuait aux fidèles des petites larmes d'or ou d'argent que l'on avait fait toucher au reliquaire [1].

Cette relique a disparu à l'époque de la Révolution française, et l'on ignore ce qu'elle est devenue. A la mort d'un vicaire général d'Orléans, qui arriva au commencement de ce siècle, on trouva dans ses papiers la note suivante :

« La sainte Larme de Vendôme fut enlevée par Mgr Bernier qui était allé donner la confirmation dans cette ville, et peu de

---

[1] *Triomphe de Notre-Seigneur*, au 27 juin.

temps après remise au cardinal Caprara, (légat du Saint-Siége), qui l'emporta à Rome ».

Le curé actuel de la Sainte-Trinité de Vendôme, sur la paroisse duquel se trouve l'ancienne abbaye bénédictine, M. l'abbé Caille, pour s'assurer du fait, a plusieurs fois écrit au cardinal Dom Pitra, qui doit porter un intérêt tout particulier à la sainte Larme, puisqu'il est bénédictin de Solesmes, et que c'est en cette qualité qu'il fit, il y a quelques années un voyage à Vendôme, pour examiner l'antique abbaye et les restes de sa bibliothèque. Le cardinal répondit qu'il ferait connaître le résultat de ses recherches, et l'on attend toujours.

Avec la perte de la relique est tombé tout naturellement aussi le culte qu'on lui rendait à Vendôme. Cependant, quelques personnes, tant de la ville que du dehors, continuent à venir demander des évangiles au clergé de la paroisse de la Sainte-Trinité, pour se délivrer des différents maux qu'ils ont aux yeux, et les bijoutiers qui environnent l'église, tiennent encore des petites larmes en verre et en argent pour satisfaire les pèlerins [1].

L'abbaye de Saint-Laurent, au faubourg de Liége, en Belgique, se faisait aussi gloire autrefois de posséder une précieuse Larme de Notre-Seigneur.

Hugues de Pierre-Pont, évêque de Liége, s'étant rendu au XIIe concile œcuménique, dit le IVe de Latran, parce qu'il est le IVe qui fut tenu dans l'église patriarcale de Latran à Rome, concile qui s'ouvrit le 11 novembre 1215, et dura jusqu'au 30 du même mois; le pape Innocent III lui fit présent d'une Larme de Notre-Seigneur Jésus-Christ, et celui-ci l'offrit à Otton,

[1] *Lettre de M. l'abbé Caille*, curé de la Trinité de Vendôme, du 22 février 1868.

4.

abbé de Saint-Laurent, son ami intime, qui l'avait accompagné à Rome[1].

Des Prez, dit Jean d'Outre-Meuse, né à Liége en 1338, qui a écrit en langue romane *Ly Mireur des histors* de la création à l'an 1399, dit en parlant de ce fait :

« Et li Pape (Innocent III) li donnat (à Hugues de Pierre-Pont) des saintes Reliques : che fut une sainte Larme que Dieu plorat. Et li Evesque donna la sainte Larme à l'abbeit Otton de Saint-Lorent deleis Liége, qui la estoit avec li, et al prier dedit abbeit[1]. »

Cette relique de la sainte Larme fut conservée dans l'abbaye de Saint-Laurent jusqu'en 1794. Mais au mois de juillet de cette année, lors de la seconde invasion des Français, les religieux de Saint-Laurent

---

[1] Martène, *Veterum scriptorum amplissima collectio,* coll. v, 1097. — *Triomphe annuel de Notre-Seigneur Jésus-Christ au 27 juin.* — *Hierogazophilacium belgicum,* auctore Arnoldo Rayssio, belga. 1628.

[1] *Jean d'Outre-Meuse,* liv. iii, p. 167.

furent obligés d'émigrer, et ils empor-
tèrent avec eux leurs archives. Leur abbaye fut convertie, le même mois, en
hôpital militaire sous le nom d'*hôpital de
la Liberté,* et il conserva cette destination.
On ignore ce que sont devenues les archives et les reliques de l'abbaye [1].

[1] *Lettre de M. l'abbé Flor. Collette,* prosecrétaire
de Mgr l'Évêque de Liége, du 6 mars 1868.

# VIII

## La sainte Larme d'Allouagne.

Godefroy de Bouillon envoya donc de
Jérusalem, comme nous l'avons dit précédemment, une précieuse larme de Notre-
Seigneur à sa nourrice, qui était native
d'Allouagne, et qui habitait cette paroisse.

Voici comment le savant Père Malbrancq,
jésuite, né à Saint-Omer en 1680 et mort
à Tournay en 1653, rapporte ce fait dans
son ouvrage intitulé : *De Morinis et de Mo-
rinorum rebus* (des Morins et de ce qui les
concerne), publié en 1629, 1647 et 1654,
(tom. III, liv. 9, chap. 9), et résume la tradition à cet égard :

« Godefroy n'enrichit pas tellement sa

famille de Boulogne de dons sacrés (plusieurs reliques dont une du saint sang de
Notre-Seigneur), que sa nourrice bien-
aimée n'y eût quelque part. Cette femme
aussi noble que pieuse, voyant Ida trop
accablée par une double couche qui en
moins de trois ans lui avait donné trois
enfants, prit l'un deux pour l'allaiter.
C'est pour cela que Godefroy, qui avait
aussi sucé d'elle le lait de la piété, la ché-
rissait si vivement qu'il lui fit don d'une
riche propriété dans un village non sans
importance, dépendant du comté de Lens,
nommé Alloine, entre Aire et Béthune,
sur le territoire de la Morinie. Il lui envoya dans ce village qu'elle habitait une
des larmes que répandit Jésus-Christ, lorsqu'il ressuscita Lazare, son ami. Là, maintenant encore, on conserve une châsse haute
de plus d'un pied, faite de l'or le plus pur
et le plus fin, renflée vers le milieu en
forme de cercle, où l'on croit qu'est ren-

fermée la larme en question. C'est pour ce
motif que ce village porte depuis longtemps le nom de Sainte-Larme. L'on y voit
accourir de la France, de la Flandre, de la
Morinie, de l'Artois, du Hainaut, d'Amiens,
une multitude nombreuse de pèlerins,
qui y trouvent souvent un remède salu-
taire pour les maladies d'yeux. C'est aussi
pour cela que dans l'église paroissiale,
construite en pierre blanche, on célèbre
une messe particulière, tirée de l'ancien
Missel de Thérouanne ou de la Morinie,
messe autrefois approuvée par les évêques
de Thérouanne, et dans ce siècle même
par celui de Boulogne et les docteurs des
académies de Belgique, comme me l'ont
affirmé Curion et Toparque. »

Ajoutons que cette messe, qui se trouvait dans le propre du Missel d'Allouagne,
a été célébrée régulièrement dans cette paroisse jusqu'à l'époque de la Révolution
française. Mais alors le clergé d'Allouagne

ayant dû s'exiler, et les livres appartenant à l'église ayant été perdus dans ces jours néfastes, la messe de la sainte Larme a disparu avec le Missel qui la contenait. Cependant, une copie de cette messe est encore conservée à Arras, et nous nous proposons d'en donner prochainement le texte avec la traduction littérale.

Avant notre compatriote de Saint-Omer, un chanoine de l'église de Saint-Pierre à Douai, où il était né en 1580, et où il mourut en 1644, Arnaud de Rayss dans son *Hierogazophilacium belgicum*, Trésor des saintes Reliques de Belgique, publié à Douai en 1628, avait déjà dit, après avoir parlé des saintes Larmes de Liége et de Vendôme :

« On montre également une Larme de Notre-Seigneur Jésus-Christ en Artois, dans un village entre Béthune et Lillers, appelé Vagne, et maintenant désigné sous le nom de Sainte-Larme par les pèlerins,

en l'honneur d'un si précieux trésor. Une
multitude de personnes y accourent des
pays les plus éloignés en pèlerinage pour
la vénérer, et soit par la seule vue de cette
vénérable relique, soit par son religieux
et saint attouchement, ils obtiennent l'affer-
missement de la santé de leurs yeux, ainsi
qu'un secours et un soulagement contre
les douleurs les plus violentes qu'ils y
puissent éprouver, grâce à la miséricor-
dieuse bonté de Notre-Sauveur Jésus-Christ,
qui, d'après les saints Évangiles, n'a pas
seulement une fois, mais plusieurs fois,
pleuré de compassion sur les maux des
mortels. »

L'auteur du *Triomphe annuel de Notre-
Seigneur* dit aussi, au 27 juin :

« Il y a un troisième lieu, où se voit
une Larme de Notre-Seigneur, qui est le
village d'Allouagne en Artois, que l'on
tient par tradition avoir été envoyée du
Levant par Godefroy de Bouillon à sa

nourrice, en reconnaissance des soins qu'elle avait pris pour lui dans son enfance, laquelle avait pour lors sa demeure en ce village [1] ».

[1] Voir l'*Abrégé de l'institution ou érection du pèlerinage d'Allouagne*, p. 9.

# IX

## De quelle manière les Larmes de Notre-Seigneur Jésus-Christ ont pu être recueillies et conservées.

Mais peut-être que quelqu'un va demander ici : Comment a-t-on pu recueillir les Larmes de Notre-Seigneur Jésus-Christ?

Il y a, sans doute, plusieurs suppositions à faire pour suppléer aux détails qui nous manquent, sous ce rapport, dans les écrivains qui nous ont parlé des saintes Larmes du Sauveur.

En ce qui concerne la sainte Larme qui était autrefois conservée à Liége, le chanoine Rayss dans son *Trésor des saintes reliques de Belgique*, à l'endroit cité plus haut, dit « qu'elle fut reçue sur un mouchoir ».

Mais quel était ce mouchoir ? celui du divin Sauveur, ou celui d'une autre personne ? Est-ce Jésus-Christ lui-même qui s'en servit pour essuyer ses yeux humides ? ou bien quelqu'un le fit-il pour lui ? ou bien encore ce mouchoir en question n'est-il tout simplement qu'un des linges qui enveloppaient Lazare et sur lequel tomba une Larme du compatissant Jésus ?

Toutes ces questions sont actuellement insolubles, et peuvent en outre ne paraître que fort oiseuses, puisque la relique de Liége ne s'y trouve plus. Aussi n'essayerons-nous même pas de les résoudre.

Quant à la sainte Larme d'Allouagne, quelques paroles extraites de la Messe composée en son honneur pourront nous en donner une certaine idée. Voici ces paroles :

« O Larme glorieuse, Larme éclatante

de splendeur, perle céleste recueillie par un ange et donnée à Magdeleine ».

Sans doute ces quelques mots ne suffisent pas pour satisfaire toute notre pieuse curiosité, et nous sommes encore à nous demander si l'ange qui recueillit cette précieuse Larme était, ou non, visible aux assistants, et quel mode il employa pour se procurer cette sainte relique.

En l'état actuel des choses, il n'est pas possible, du moins que nous le sachions, de répondre historiquement à ces questions, puisque les historiens ne sont pas entrés dans ces détails. Mais peut-être que l'inspection du reliquaire de la sainte Larme d'Allouagne va diriger assez sûrement nos investigations pour nous conduire à une solution plausible.

Ce reliquaire, qui se trouvait autrefois renfermé dans la riche châsse en or fin dont parle le Révérend Père Malbrancq, est une petite fiole en argent, haute de 28

millimètres, ayant dans le bas un renflement de 20 millimètres environ de diamètre, et ce renflement est surmonté d'un
goulot de 8 millimètres d'élévation sur 5
millimètres de diamètre. Le goulot est
terminé par un couvercle en argent soudé.
Il y a vers le milieu du goulot deux an-
settes, une de chaque côté, et deux autres
semblables également disposées sur le
renflement de la fiole. Ce qui fait supposer
que cette fiole aurait été de la sorte façon-
née pour qu'on pût y passer un cordon,
et, à l'occasion, se la suspendre au cou.
Sur le milieu du renflement sont percés
horizontalement, à des distances égales
l'un de l'autre, huit petits trous circu-
laires, ayant de 2 à 3 millimètres de diamètre, et laissant apercevoir à l'intérieur
de la fiole une pierre grisâtre qu'elle ren-
ferme, et qui la remplit entièrement.

Cette pierre, assurément, n'est pas autre
que la pierre sur laquelle est tombée la

Larme de Notre-Seigneur. Et puis après cela, que cette pierre ait fait partie du tombeau de Lazare, ou non; qu'elle ait été recueillie par l'ange en public, ou en particulier, pour être donnée de cette même sorte à Marie-Magdeleine; cette connaissance sans doute sourirait à notre curiosité, mais, en définitive, cette connaissance ne peut guère profiter qu'à notre curiosité. Maintenant que Marie-Magdeleine ait cru à la parole d'un ange, — la Très-sainte Vierge Mère de Dieu n'a-t-elle pas été proclamée « bienheureuse pour y avoir cru [1] ? » — et que les pieux fidèles y aient cru ensuite après cette servante chérie du Sauveur, qu'y a-t-il en cela d'étonnant?

Mais passons.

[1] Luc. 1, 45.

# X

Honneurs rendus à la sainte Larme d'Allouagne jusqu'à la Révolution française. Médailles qui la représentaient.

L'église d'Allouagne ne fut pas plutôt dépositaire du précieux trésor de la sainte Larme, qu'elle obtint d'en célébrer une fête chaque année et le même jour probablement qu'il lui fut confié, c'est-à-dire le 21 juin. Mais le concours empressé des habitants de la paroisse et celui des pèlerins qui accouraient de toutes parts en grand nombre, obligèrent bientôt de prolonger cette solennité pendant toute une octave, et même pendant une neuvaine.

La sainte Larme alors avait sa chapelle spéciale et son autel particulier dans l'église d'Allouagne, du côté opposé à celui qui se trouvait occupé par la chapelle et l'autel de la bienheureuse Vierge Marie Mère de Dieu. La relique était portée solennellement en procession, et durant toute la neuvaine, elle était exposée dans sa riche châsse à la vénération du public. On distribuait aux fidèles de l'eau bénite dans laquelle on avait fait tremper la fiole de la sainte Larme, et aussi des médailles en argent, en cuivre et en plomb, ainsi que des images qui avaient touché à l'auguste relique.

Nous ne croyons pas que l'on ait conservé aucune des anciennes images qui servaient à entretenir la dévotion à la sainte Larme à cette époque : elles auront été peu à peu détruites avec le temps. Mais pour ce qui est des médailles de la sainte Larme, bien que ces médailles ne soient plus depuis longtemps en circulation, nous savons cependant qu'il s'en voit encore entre les mains de plusieurs amateurs d'antiquités. C'est ainsi que M. Dancoisne, savant numismate d'Hénin-Liétard, membre de plusieurs sociétés archéologiques, en possède de six modules différents dans sa riche collection de médailles, ainsi qu'il nous le fait connaître dans sa *Numismatique Béthunoise*, publiée à Arras en 1859.

Nous allons donner d'après lui-même la description de ces six médailles, qui datent, selon lui, de la seconde moitié du XVI<sup>e</sup> siècle, et de la première du siècle suivant.

La première médaille, en cuivre et d'assez grande dimension, représente une grosse larme entre deux chandeliers avec leurs cierges allumés. Cette larme est surmontée d'une riche couronne royale. Le revers est occupé par l'inscription suivante :

QVE
DÉNI SOIT
LA SE SACRE
LARME DE I
CHRIS EN A
LLOVIG
NE

(Que bénie soit la sainte et sacrée Larme de Jésus-Christ en Allouagne).

Cette médaille est encadrée des deux côtés dans un octogone. Elle a été frappée sur deux légères feuilles de cuivre soudées ensemble, et découpées de manière à laisser la place d'un anneau.

La seconde médaille, également en cuivre, un peu moins grande que la première et de forme ronde, représente un carré dont les angles intérieurs sont occupés par des points. Au centre, dans un cercle, un ange tient un linge sur lequel est figurée la sainte Larme. C'est une simple feuille de cuivre, n'ayant qu'une seule face.

La troisième médaille, en cuivre aussi et plus petite que la précédente, est également frappée sur une simple feuille et représente le même sujet sans encadrement.

La quatrième médaille n'offre qu'une variété assez grossière de la précédente.

La cinquième médaille, de forme ovale, de moyenne grandeur et en argent, représente le reliquaire de la sainte Larme, avec cette légende :

### S. LARME LOVAIGNE
### (Sainte Larme d'Allouagne.)

Au revers on voit Jésus ressuscitant Lazare, et pour légende : LAZAR.

Enfin la sixième médaille, en plomb et de la même dimension à peu près que la précédente, figure le reliquaire d'Allouagne avec la sainte Larme dans un encadrement en tresse. Sur le revers, dans un encadrement semblable, est figuré le même reliquaire porté par deux anges.

# XI

## Faveurs obtenues par le culte de la sainte Larme d'Allouagne.

Nous avons déjà vu précédemment, dans nos citations du Père Malbrancq et du chanoine Rayss, que bien des faveurs récompensèrent autrefois la dévotion des fidèles envers la sainte Larme, et nous ne répéterons pas ce que ces auteurs en ont raconté. Nous allons seulement compléter leur récit par quelques textes nouveaux.

Dans l'*Abrégé de l'institution ou érection du pèlerinage d'Alloigne*, publié au siècle dernier avec approbation, nous lisons les paroles qui suivent :

« Les miracles qui se sont opérés à Alloigne depuis que le village possède cette
sainte Larme, n'ont point peu contribué à
augmenter la dévotion des peuples.

« On nous rapporte que certains voleurs,
appelé les *échauffe-pieds*, ayant enlevé la
phiole avec sa boîte, la cachèrent dans un
épais buisson, joint à un bois, pour l'em-
porter avec le jour ; mais le ciel ne permit
pas que ce trésor se perdît, pour servir encore à l'avenir à la consolation des fidèles,
et de remède pour les yeux.

« Un gentilhomme qui avait un château
voisin de ce bois, prit la résolution d'aller
à la chasse contre sa coutume ; les valets
furent commandés de tenir prêts les chiens
de grand matin, et dès qu'ils furent déta-
chés, ils tirèrent droit vers ce buisson, où
ils s'attachèrent si opiniâtrément, qu'ils
ne s'en retirèrent que lorsque les chas-
seurs y furent arrivés : ils ont d'abord exa-
miné le sujet qui pouvait arrêter ces ani-

maux, et après avoir visité le buisson, on y aperçut la boîte sacrée que le Seigneur restitua à son église [1].

« Ce n'est pas là le seul miracle qui s'opéra à Alloigne, par la vertu de la sainte Larme, la foi des fidèles qui viennent en ce lieu en a obtenu un nombre considérable que cet abrégé ne permet pas de rapporter : il s'en opère encore tous les jours, ce qui est cause que, non seulement pendant la neuvaine, mais même pendant tout le cours de l'année, il ne se passe presque pas de jour qu'il ne se trouve quelques pèlerins qui viennent implorer le secours du Ciel au pied de ce saint reliquaire, pour obtenir la guérison des accidents qui leur sont arrivés sous les yeux ; les uns font dire la sainte messe, en action de grâces des faveurs qu'ils ont reçues, ou pour obtenir les grâces qu'ils attendent, les

[1] Voir aussi pour ce fait le P. Malbrancq. *De Morinis*, tom. III, liv. 9, ch. 9.

autres y font des présents pour les mêmes
fins.

« Car le grand nombre des riches présents que cette église a reçus et qu'elle reçoit encore aujourd'hui, n'est pas une petite preuve des grâces que les fidèles ont reçues par la vertu de cette sainte Larme, et des miracles qui se sont opérés, mais on se propose d'en donner au public un grand détail dans la suite.

« On se contentera de dire que cette église possède une quantité de présents en or et en argent, en bijoux, en tableaux et en étoffes des plus riches, qui lui ont été envoyés pour servir à l'ornement de l'autel de la chapelle, en reconnaissance des guérisons que les fidèles avaient obtenues par la vertu de la sainte Larme [1]. »

Tel était l'état des choses lorsque survint la Révolution française. Ajoutons cependant à ce qui précède :

[1] Page 11-14.

1° Que les détails de miracles promis par l'auteur cité, n'ont pas, à cause des circonstances, été donnés comme il le promettait, et qu'ils ne peuvent plus l'être, par suite de la perte des documents nécessaires à la réalisation d'un tel projet.

2° Que les ex-voto, dont il est parlé plus haut, semblaient indiquer que non-seulement on avait obtenu des grâces pour la guérison des maux d'yeux, mais aussi des faveurs de bien d'autres sortes ; car, outre les yeux que l'on y voyait placés en reconnaissance, on y remarquait aussi des bras, des jambes et d'autres objets de gratitude. Ce qui montre évidemment que ce n'était jamais en vain qu'on venait implorer là notre miséricordieux Sauveur en évoquant le souvenir de sa sainte Larme.

Et de tout cela, grâce à la Révolution, il ne reste plus rien que des souvenirs, mais des souvenirs vivaces dans la mémoire de ceux qui ont vu, — il existe encore quelques-uns, — et dans celle aussi de ceux qui n'ayant pas vu de leurs yeux, ont entendu de leurs oreilles ce que leurs ancêtres leur ont raconté de ce temps écoulé, — et ce sont tous les habitants de la paroisse.

# XII

Conservation de la sainte Larme d'Allouagne pendant l'époque révolutionnaire. — Rétablissement de son culte
et quel il est encore actuellement (juin
1868).

Dieu cependant ne voulait pas qu'Allouagne, où son nom avait été en honneur,
fût privé du bonheur de posséder une relique qui rappelle l'un des faits les plus
importants de la vie du Sauveur, et un fait
aussi des plus consolants pour nous tous
pauvres pécheurs, qui peut-être bien des
fois avons passé par la mort du péché,
mort seconde, et, pour parler selon l'Ecri-
ture, mort de mort, *morte morieris*, beaucoup plus affligeante que celle qui n'affecte
que nos corps. Ce n'est sans doute que
cette dernière qui fut celle de Lazare, su<sup>r</sup>

laquelle Notre-Seigneur versa cette précieuse Larme, qui devint pour son ami comme le germe de sa résurrection instantanée.

Mais comme tous les événements, dans la sainte Écriture, peuvent, d'après saint Paul, avoir leur signification figurée, ah ! que bien plus rationnellement Notre-Seigneur Jésus-Christ n'a-t-il pas dû pleurer sur notre mort spirituelle, pour nous faire par ses larmes renaître « à cette vie surabondante qu'il est venu nous apporter [1] » ?

Au moment de la Révolution, lorsque déjà le clergé devait se cacher, et songer à fuir un péril de plus en plus imminent, et que tout présageait cet affreux orage durant lequel sombrèrent tant de personnes estimables et de choses précieuses, une respectable habitante d'Allouagne, Marie-Joseph Laurent, fille de Dominique Laurent et de Marie-Joseph Caron, épouse de Phi-

[1] Jean, x, 10.

lippe Fardel, ménager, née dans la paroisse
le 14 avril 1057, fut prise tout à coup d'un
désir ardent de s'emparer de la précieuse
relique de la sainte Larme, qu'elle voyait
exposée au danger d'être profanée et détruite à jamais, et dès lors elle n'eut plus
de repos, qu'elle n'eût mis son désir à exécution.

Toute préoccupée de son dessein, on l'en-
tendit s'écrier dans sa famille à différentes
reprises, en se parlant à elle-même : « Je
l'aurai ! je l'aurai ! »

Plusieurs fois, en effet, elle vint à l'église
pour réaliser son projet d'enlèvement ;
mais la présence de quelques personnes
suspectes et peu sûres, l'en empêcha, lorsqu'enfin elle trouva l'occasion favorable,
et s'élançant sur l'autel, comme poussée
par une force irrésistible, elle s'empara
du précieux trésor qu'elle emporta chez
elle.

Les révolutionnaires impies et avides

vinrent ensuite ; ils trouvèrent bien la riche châsse, et purent satisfaire leur convoitise, mais la relique avait été soustraite à leur profanation sacrilége.

Marie-Joseph Laurent qui détenait la sainte Larme, était au comble de ses vœux, et son bonheur sans doute eût été plus complet, si elle eût pu le communiquer à quelqu'un. Mais, dans ces jours mauvais où tout était à craindre, où il fallait en quelque sorte redouter jusqu'à sa propre ombre, elle se renferma dans une absolue discrétion, se contentant de rendre un hommage secret à la précieuse relique qu'elle était si heureuse de posséder.

Mais grande fut bientôt sa désolation : elle se sentit atteinte de la maladie qui devait prochainement la conduire au tombeau, et force lui fut bien de confier ce dépôt à son mari, qui promit de le garder religieusement jusqu'à des jours meilleurs, afin que de nouveau la vénérable

relique reçût les honneurs qui lui sont
dus.

L'œuvre de Marie-Joseph était accomplie,
et elle mourut dans la paix du Seigneur le
23 germinal an IV (12 avril 1796.)

Quant à son mari, il tint parole. La relique demeura cachée soigneusement dans
sa maison, qui est maintenant celle de son
petit-fils, Alexandre Fardel, sacristain actuel de l'église. Puis, lorsque le ciel de la
patrie devint moins sombre, on s'aventura
jusqu'à la laisser vénérer en particulier
par quelques privilégiés, et à huis-clos.
Enfin, quand l'orage révolutionnaire fut
complétement passé, et que tout danger
eut disparu à l'horizon, la sainte Larme
fut remise à M. l'abbé Roche, vicaire d'Allouagne avant la Révolution et définitive-
ment desservant de cette même paroisse,
en mars 1803, après l'apaisement de cette
tempête.

C'est M. l'abbé Roche, connaisseur incontestable de la relique de la sainte Larme de Notre-Seigneur Jésus-Christ, qui la remit en honneur, et rétablit son culte comme il était avant 1789.

Et depuis lors jusque maintenant (juin 1868), la relique de la sainte Larme a comme autrefois dans l'église d'Allouagne sa chapelle particulière et son autel spécial. Les pèlerins ont repris la route du village de la Sainte-Larme, et il ne s'écoule pas de semaine qu'il n'en vienne un certain nombre. Des messes sont fréquemment demandées en son honneur pour obtenir une grâce, ou remercier d'un bienfait. La neuvaine est célébrée avec pompe chaque année. La relique est portée processionnellement en triomphe et exposée sur un brancard à la vénération publique. Cette solennité attire une foule de pieux fidèles des pays circonvoisins. On y bénit et on y distribue de l'eau comme par le passé.

Il n'y a plus, il est vrai, de médailles de la sainte Larme comme jadis, mais depuis déjà quelques années on a fait réimprimer une notice ancienne, et tirer quelques images plus ou moins en rapport avec le pèlerinage.

C'est pour compléter ce qui manque à cette antique notice, que nous avons livré ce rapide aperçu à l'impression ; des médailles nouvelles sont commandées, et nous savons que M. l'abbé Mienné, curé actuel d'Allouagne, pour seconder la piété des dévots à la sainte Larme, se propose de donner cette année plus de lustre que jamais à la Neuvaine, et de faire, le 28 de ce mois de juin, une grande et magnifique procession, qui laissera bien loin derrière elle toutes les processions des années précédentes.

Une superbe bannière de la sainte Larme, en drap d'or fin, a été confectionnée.

Deux bannières secondaires en étoffe d'argent l'ont été de même, avec dix-neuf

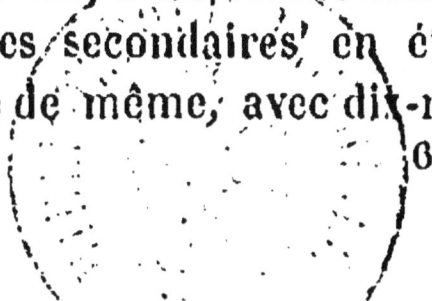

6

douzaines d'oriflammes, différentes de grandeur, de nuance et de coupe, sans parler de tous les accessoires nécessaires pour une fête aussi imposante. Et nous savons d'ailleurs que tous les curés du voisinage d'Allouagne ont l'intention de rehausser cette solennité grandiose par leur présence et par celle de leurs paroissiens qu'ils doivent y convier.

Daigne le Dieu Très-Haut favoriser ce projet, et le faire tourner au profit des âmes en même temps qu'à l'honneur de ce Jésus aimant et compatissant, notre aimable et puissant Avocat, à qui soient louange et gloire, ainsi qu'à notre Père qui est aux cieux, en l'unité du Saint-Esprit, maintenant et dans les siècles des siècles.

A tout jamais ainsi-soit-il.

# ORAISON

## à la sainte Larme de Notre-Seigneur Jésus-Christ conservée à Allouagne.

———

O Dieu tout-puissant et très-miséricordieux, qui avez voulu que votre Fils ait versé, en signe d'amitié, des larmes à la résurrection de Lazare, et qui, par un effet admirable de votre pouvoir sans limite, avez rendu la vie à ce même Lazare, accordez-nous, par une grâce spéciale du Saint-Esprit, la faveur de ne penser qu'à vous, de n'aimer que vous, et de vous adresser nos suppliantes prières accompagnées de larmes de componction, qui soient capables de mériter auprès de vous l'entière absolution de nos fautes, et une parfaite résurrection de l'âme. Par le même Jésus-Christ Notre-Seigneur, qui vit et règne avec vous en l'unité du même Saint-Esprit dans tous les siècles des siècles.

Ainsi-soit-il.

# TABLE DES MATIÈRES.

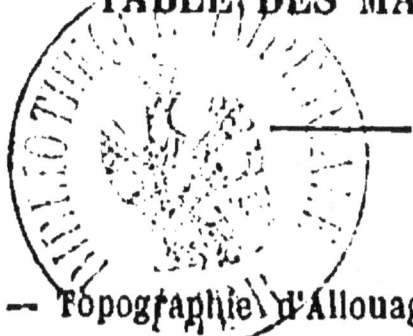

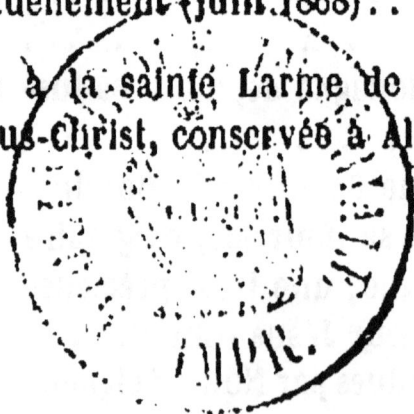

Arras. — Typographie Rousseau - Leroy.

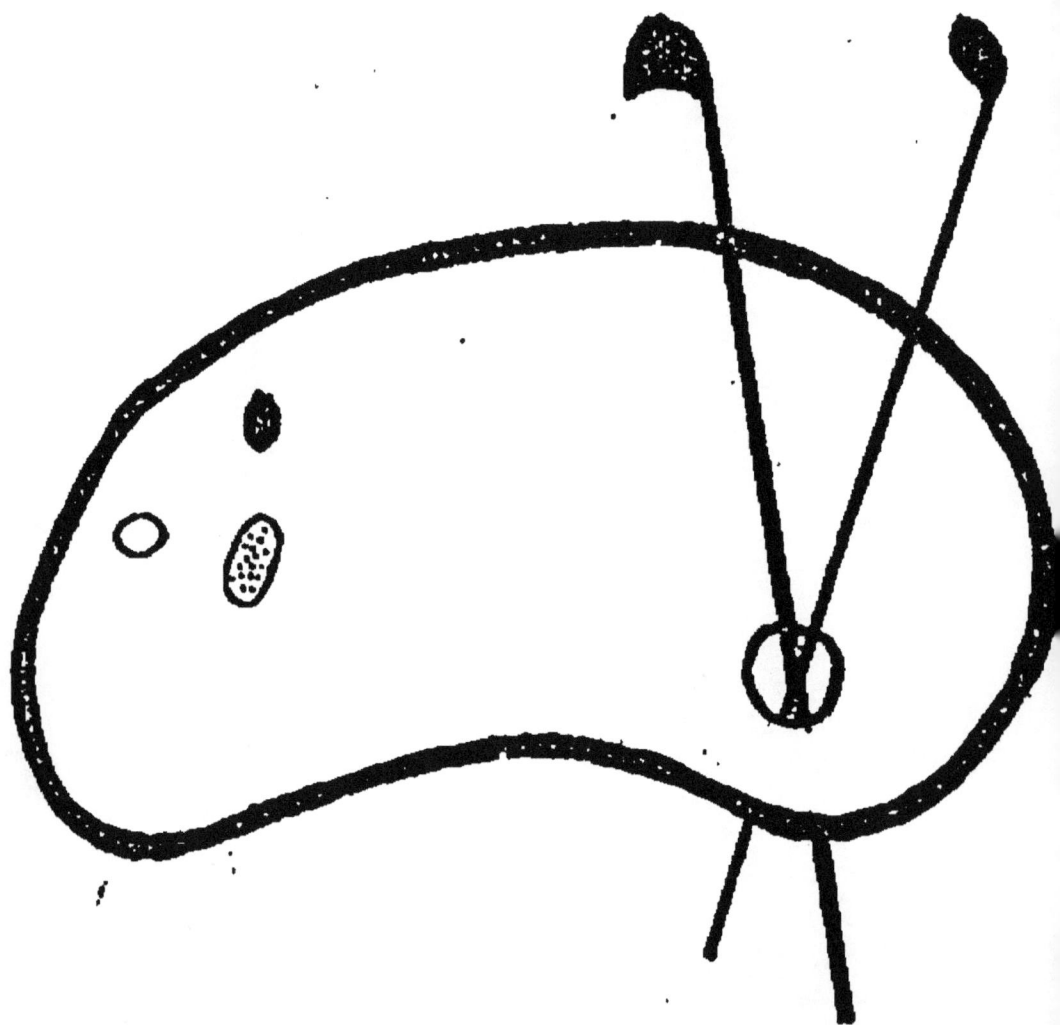

ORIGINAL EN COULEUR
Nᵒ Z 43-120-8